官箴荟要

四

线装书局

目录

牧鉴

〔明〕杨昱 著

《牧鉴》系明代杨昱采辑经史百家中有关政事的『格言懿迹』编篡而成，全书分治本、治体、应事、接人四类，类下又分目，共有三十五目，每目分上中下，上是录经传之言，中是辑古人政迹，下是集儒先议论。牧者，是为统治者治民，鉴者借鉴也。故『牧鉴』即为统治者治理人民提供借鉴。著者曾担任过知县，故所辑内容比较切合事理、切合实际。虽然作者是站在封建统治阶级立场上述事阐理，但所述之事理的某些原则至今仍有意义。

杨昱，字子晦，号东溪，福建汀州（今属宁化县）人，曾任山东朝城，江西都昌知县，著有《偶见录》、《师鉴》、《农圃须知》等。

牧鉴卷一

治本一

治本，君子之身是也。身，一也，有化所资以立者，有政所由以成者。化所资立曰德，政所由成曰才。古人推准动化，得此而已。然古人邈矣，简策有幸存而未泯者，庸可不尽心乎！

敬稽《经》订《传》，得若干条，列为八目，以备治本之鉴。曰『学问』、『克励』、『采纳』，所以兼资乎二者；曰『心术』、『器度』、『言貌』、『服御』，所以成德；曰『才识』，所以广才。近世君子行有几乎此，言有翊乎此者，各附其后。世与有其责者，能条而鉴之，会以平昔所讲澄源立道之功，则古人出治之本，其在我矣。

学问　一之一　共十六条

孔子曰：『在下位不获乎上，民不可得而治矣。获乎上有道，不信乎朋友，不获乎上矣。信乎朋友有道，不顺乎亲，不信乎朋友矣。顺乎亲有道，反诸身不诚，不顺乎亲矣。诚身有道，不明乎善，不诚乎身矣。』

《说命》曰：『学于古训乃有获，事不师古，以克永世，非说攸闻。』

《周官》曰：『学古人官，议事以制，政乃不迷。』

又曰：『不学墙面，莅事惟烦。』

子夏曰：『仕而优则学，学而优则仕。』右上五条

于定国为廷尉，乃迎师学《春秋》，备弟子礼。

柳仲郢三为大镇，公退必读书，手不释卷。

吴奎初为小吏，昼则治公事，夜辄读书不寐者，二十余年。

李初平守郴，濂溪为郴令。初平知先生之贤，与之语，叹曰：『吾欲读书，何如？』先生曰：『公老无及矣。某请为公言之。』于是日听先生语，二年果有得。

马伸在官，晨兴必整衣冠，端正坐，读《中庸》一遍。然后出视事。

李方子为泉州观察推官，适真德秀来为郡，以师友礼之，郡政皆咨焉。暇则辩论经训，至夜分不倦。右中六条

朱子曰：『人在官，固当理会官事。然做得好官，须是讲学，立大本，则有源流，若只要人道是好官人，今日做得一件，明日又做得一件，却穷了。』

吕氏本中曰：『事有当死不死，其诟有甚于死者，后亦未必免死。当去不去，其祸有甚于去者，后亦未必得安。世人至此，多惑乱失当，皆不知义命轻重之等也。此理非平居熟讲，临事必不能自立。不可不预思。古之委质事人者，其父兄日夜以此教之矣。中材以下，岂一朝一夕所能至哉！教之有素，其心安焉，所谓有所养也。』

齐东张氏曰：『士当求进于己，而不可求进于人。所谓求进于己者，道术学业之精是已。所谓求进于人者，富贵利达之荣是已。』

又曰：『吏人以法律为师也。魏相所以望隆当世者，汉家典故无不悉也。凡学仕者，经史之余，若国朝以来典章文物，亦须备考详观。一旦入官，庶不为俗吏所迂也。』

河东薛氏曰：『为政须通经，有学术，不学无术，虽有小能，不达大体。』右下五条

心术 一之二 共二十一条

《乾·文言》曰：『君子体仁，足以长人。』

《大学》曰：『《康诰》曰「如保赤子。」心诚求之，虽不中，不远矣。未有学养子，而后嫁者也。』

孟子曰：『人皆有不忍人之心。先王有不忍人之心，斯有不忍人之政矣。以不忍人之心，行不忍人之政，治天下可运之掌上。』

又曰：『老吾老，以及人之老；幼吾幼，以及人之幼。天下可运于掌。《诗》云：「刑于寡妻，至于兄弟，以御于家邦。」言举斯心，加诸彼而已。故推恩足以保四海，不推恩无以保妻子。古之人所以大过人者，无他焉，善推其所为而已矣。』右上四条

张欧为吏，未尝言按人，专以诚长者处官。官属以为长者，亦不大欺。上具狱事，可却却之；不可者，不得已，为泣涕而封之。其爱人如此。

刘审交为汝州防御使，有惠政。卒，州民请留葬，许之。为立祠，岁时享之。冯道曰：『刘君为政，非能减其租税除其徭役，但推公诚仁爱之心行之耳。此亦众人所能，但众人不为。而刘君独能为之，故汝人爱之如此。』

王质通判苏州，州守黄宗旦，得铸钱盗百余人，以托公。公曰：『事发无迹，何从得之？』黄曰：『吾以术钩出之。』公愀然曰：『仁者之政，以术钩人，置之死而又喜乎？』

明道先生为令，视民如子。常于座右书『视民如伤』四字。云：『某每有愧于此。』龟山曰：『观其用心，应是不

到，错决挞了人。』

吕希哲为人，事皆有长久之计，求方便之道。为郡令，公帑多畜鳆鱼诸干物及笋干、蕈干，以待宾客，以减鹅鸭等生命也。

晦庵先生为守，恳恻爱民，如己隐忧，兴利除害，惟恐不及。右中六条

周子曰：『治，纯其心而已矣。仁、义、礼、知四者，动静、言貌、视听无违之谓纯。』

程子曰：『一命之士，苟存心于爱物，于人必有所济。』

或问：『临政无所用心，欲求于恕，何如？』程子曰：『推此心以行恕，可也；用心求恕，非也。恕，已所固有，不待求而后得，举此加彼而已。』

吕氏本中曰：『处事者不以聪明为先，而以尽心为急；不以集事为急，而以方便为上。』

又曰：『当官大要，直不犯祸，和不害义，在人消详斟酌之耳。然求合于道理，本非私心专为己也。』

朱子曰：『古之圣贤，言治必以仁义为先，而不以功利为急。夫岂故为是迂阔无用之谈！盖天下万事，本于一心，而仁者此心之存之谓也。此心既存，乃克有制，而义者此心之制之谓也。诚使是说著明于天下，则人人得其本心，以制万事，无一不合宜者。夫何难而不济？不知出此，而曰事求可，功求成，惟以苟为一切之计而已。是申、商、吴、李之徒，所以亡人之国，而自灭其身。国虽富，其民必贫；兵虽强，其国必病；利虽近，其为害必远。顾弗察而已矣。』

又曰：『大率天下事，循理守法，平心处之，便是正当。如盗贼入狱而加桎梏箠楚，乃其正理。今欲废此以诱其心，欲其恩于我，便是挟私任术，不行众人公共道理。况恩既归己，怨必归于他人，彼亦安得无忿疾于我耶？』

西山真氏曰：『为政者，当体天地生物之心，与父母保赤子之心。有一毫之惨刻，非仁也。有一毫之忿疾，亦非仁也。』

又曰：『诸葛武侯有言：「吾心如秤，不能为人作轻重。」此有位之士，所当视以为法也。』

齐东张氏曰：『赤子之生，无有知识。然母之者，常先意其所欲焉。其理无他，诚而已。诚生爱，爱生智。惟其诚，故爱无不周；惟其爱，故智无不及。吏于民，与是奚异哉！』

河东薛氏曰：『清心省事，居官守身之要。』右下十一条

克励　一之三　共五十条

又曰：『罔违道以干百姓之誉，罔咈百姓以从己之欲。』

《大禹谟》曰：『慎乃有位，敬修其可愿。』

《伊训》曰：『制官刑，儆于有位。』曰：『敢有恒舞于官，酣歌于室，时谓巫风；敢有殉于货色，恒于游畋，时谓淫风；敢有侮圣言，逆忠直，远耆德，比顽童，时谓乱风。惟兹三风十愆，卿士有一于身，家必丧；邦君有一于身，国必亡。臣下不匡，其刑墨。』

《周官》曰：『位不期骄，禄不期侈。恭俭惟德，无载尔伪。作德心逸日休，作伪心劳日拙。居宠思危，罔不惟畏，弗畏人畏。』

又曰：『功崇惟志，业广惟勤。』

《君陈》曰：『无依势作威，无倚法以削。』

《小雅》曰：『嗟尔君子，无恒安处。靖共尔位，正直是与。神之听之，式谷以汝。』右上七条

子罕为司城，时人有得玉献之者，却弗受。献者曰：『以示玉人，以为宝也，故敢献。』子罕曰：『我以不贪为宝，尔以玉为宝。若以与我，皆丧宝也。不若人有其宝。』

孔奋为姑臧长，时士多不修节操。而奋力行清洁，为众所笑。或以为身处脂膏，不能自润，徒益辛苦耳。被征，单车就路。姑臧吏民羌胡，相赋敛牛马器物追送，一无所受。

杨震为东莱太守，当之郡，道经昌邑。故所举荆州茂才王密为昌邑令，怀金十斤以遗之。震曰：『故人知君，

君不知故人，何也？』密曰：『天知地知我知子知，何谓无知？』子孙常蔬食步行。故旧劝为开产业，曰：『使后世称为清白吏子孙，以此遗之，不亦厚乎！』

杨秉，震之子，历豫、荆、徐、兖四州刺史，计日受奉，余禄不入私门，所至以廉洁称。又性不饮酒。夫人早卒，不复娶。尝从容曰：『我不惑有三：酒、色、财也。』

胡威，荆州刺史质之子，为徐州刺史，厉操清白。初质为荆州，威往省之，家贫，自驱驴单行。见父告归，父赐绢一匹为装。威跪曰：『大人清白，未审于何得此？』父曰：『是吾俸之余，以为汝粮。』威受之。质帐下都督先威未发，请假还家，道要威为伴，每事佐助。威疑而诱问之，既知，乃取父赐绢谢之。后因他信，具以白质。质杖都督一百，除吏名。其父子清白，如此。

吴隐之守晋陵，在郡清俭。再刺广州，赋《贪泉诗》曰：『古人云此水，一歃怀千金。试使夷齐饮，终当不易心。』清操愈厉。虽日晏歠菽，不享非其粟；儋石无储，不取非其道。及至广州，妻赍沉香一片，隐之见之，投于湖亭之水。

王僧孺为南海太守，外国泊物、高凉生口，岁数至。旧时州、郡就市回即卖，其利数倍，历政以为常。僧孺叹曰：『昔人为蜀郡长史，终身无蜀物。吾欲遗子孙，不在越装。』并无所取。

赵轨为齐别驾，其东邻有桑葚落其家，遣人悉拾还其主。后被征，父老相送，挥涕曰：『别驾在官，水火不与百姓交。不敢以壶浆相送，请酌一杯水奉饯。』轨受饮之。

后为原州司马，夜行，左右马逸入田中，暴人禾。轨驻待明，访禾主，酬直而去。

江秉之历典三邑，有能，补新安太守。所得悉散之亲故，妻子常饥寒。有劝其营田，正色答曰：『食禄之家，岂可与农人竞利！』在郡作一书案，去官留以付库。

申徽为襄州刺史，案牍无大小，皆自省览。事无稽滞，吏不为奸。时俗官人皆通饷遗，徽乃画杨震像于寝室以自戒。

刘怀慰为齐郡太守，至郡不受礼谒。民有饷其新米一斛者，怀慰出所食麦饭示之曰：『旦食有余，幸不烦此。』

孔奂为晋陵太守，清白自守，妻子并不之官。曲阿富人殷绮，见奂居处俭素，乃饷以衣毡一具。奂曰：『太守身居美禄，何为不能办此！但百姓未周，不宜独享温饱。劳君厚意，幸勿为烦。』

裴昭明为长沙郡丞，迁始安内史，历郡皆清勤。尝谓人曰：『人生何须蓄聚？一身之外，亦复何须！子孙若不才，我聚彼散。若能自立，不如一经。』故终身不事产业。

萧仿拜岭南节度使，南方珍贶丛夥，不以入门。家人病，取槁梅和剂。仿知，趣市还之。

裴宽为润州参军，刺史韦诜，会休登楼，见人于后圃有所瘗藏者，访诸曰：『裴参军居也。』与偕来问状，答曰：『义不以苞苴污家。适有人以鹿为饷，致而去。不敢自欺，瘗之。』诜嗟异，引为按察判官，许妻以女。

包拯知端州，州岁贡砚。前守缘贡，率数十倍以遗权贵。公命制者，惟足贡额。任满，不持一砚归。后知开封，不可干以私。京师为之语曰：『关节不到，有阎罗包老。』

赵抃为益州转运使，蜀地远民弱，吏肆不法，州郡公相馈饷。公以身率之，蜀风为变。后再知成都，召还。神宗曰：『闻卿匹马入蜀，以一琴一鹤自随，为政简易，亦称是乎！』

濂溪先生自少信古好义，以名节自砥砺。俸禄尽以周宗族奉宾友，或无百钱之储。及分司归，妻子饘粥或不给，亦旷然不以为意也。（自子罕至此，皆励于清者）

柳公绰泊子仲郢，父子五为京兆，再守河南，皆不奏祥瑞。非庆吊不至宰相第。

唐介以言谪英州别驾，改知复州。未至，召充言事御史。帝曰：『知卿被谪以来，未尝以私书至京师，可谓不易所守矣。』

吕希哲尝云：『自少官守，未尝干谒人荐举，以为后

生之戒。仲父舜从守官会稽，人或讥其不求知者。仲父对辞甚好：「勤于职事，其他不敢不慎。乃以求知也。」』（自柳公绰至此，皆励于慎者）

陶侃为广州刺史，在州无事，辄朝运百甓于斋外，暮运百甓于斋内。人问其故，曰：『吾方致力中原，过尔优逸，恐不堪事。』后为荆州，诸参佐或以谈戏废事者，乃命取其酒器，蒱博之具，投之江中，吏将则加鞭朴。曰：『大禹圣人，乃惜寸阴。吾人当惜分阴。』

韩琦镇大名，魏之牒诉甚剧，而事小，必亲视之。虽在疾病不出，亦许通闻请命，而就决于卧内。后守乡郡，簿书文檄，检查研核，莫不躬亲。或曰：『公位重年耆，朝廷赐守乡郡以安养，幸毋亲小事。』公曰：『己惮烦劳，吏民当有受弊者。且俸禄日万钱，不事事，吾何安哉？』

吕公著为郡，率五鼓起，秉烛视案牍，黎明出厅决民讼。退就便座燕居，如宾僚至者毋拘时。以故郡无留事，而下情通。凡典六郡以为常。后虽高年，贵重不少替。

刘聆累历大藩，事无巨细，必亲临之，至忘寝食，虽盛暑隆寒不惮也。

真德秀知泉州，决事自卯至酉。或劝其啬精怡神，公言：『郡敝无力惠民，仅政平讼理，当勉而已。』（自陶侃至此，皆励于勤者，右中二十六条）

程子曰：『夫人之性，易发而难制者，惟怒为甚。第于怒时，遽忘其怒，而观理之是非。亦可见外诱之不足恶，而于道，亦思过半矣。』

山阴杜氏曰：『作官第一清畏无求人知，苟欲人知，同列不慎者，众必谮己。为上者又不加察，适足取祸耳。但优游其间，默而行之，无愧于心可也。』

又曰：『士君子作事行己，当履中道，不宜矫饰。矫饰过实，而近乎伪。』

吕氏（本中）曰：『当官之法，惟有三事：曰清、曰慎、曰勤。知此三事，则知所以持身矣。世之仕者，临财当事，不能自克，常以为必不败。持不败之意，则无不为矣。然事常至于败，而不能自已。故设心处事，戒之在初，不可不察。借使役用权智，百端补治，幸而得免，所损已多，不若初不为之为愈也。司马子微《坐忘论》：「与其巧持于末，孰若拙戒于初？」此天下之要言，当官处事之大法。用力寡而见功多，无如此言者。人能思之，岂复有悔吝耶。』

又曰：『当官处事，但务著实。如涂擦文书，追改日月，重易押字，万一败露，得罪反重。亦非所以养诚心，事君不欺之道也。百种诈伪，不如一实。反复变诈，不如慎始。防人疑已，不如自慎。智数周密，不如省事。不易之道也。』

又曰：『当官者，必以暴怒为戒。事有不可，当详处之，必无不中。若先暴怒，只能自害，岂能害人！前辈尝言，凡事只怕待者，详处之谓也。盖详处，则思虑自出，人不能中伤也。尝见前辈作州县或狱官，公事难决者，必沉静思虑累日，忽然若有所得者，则是非判矣，是道惟不苟者能之。』

朱子曰：『守官只要律己公廉，执事勤谨，昼夜孜孜，如临渊谷，便自无他患害。才有所依倚，便使人怠惰放肆，不知不觉错做了事也。』

又曰：『仕宦只是廉勤自守。进退迟速，自有时节，切不可起妄念也。』

又曰：『作县固非易事，然尽心力而为之，必无不济。今人多是自放懒了，所以一纲弛而众目紊也。』

又曰：『初官僻县，遽为上司奖拔，于此可为惧，而未可遽以为喜。且当痛自检饬，黾勉王事，谨终如始。不可便为恣肆，及萌躁进之心也。』

又曰：『官无大小，凡事只是一个公。若公时，做得来也精采，若小官，人也望风畏服。』

西山真氏曰：『当官者，一日不勤，则必有受其弊者。古之圣人，犹且日昃不食，坐以待旦，况其余乎！今世有勤于吏事者，反以鄙俗目之。而诗酒宴游，则谓之风流闲雅。此政之所以疵，民之所以受害也。』

临川吴氏曰：『予闲居，思天下之治法。以为禹、稷、伊尹之志，苟得一县，亦可小试。何也？县之于民最近，令之福惠所及最速，莫是官若也。而举世瞀瞀，孰知其任之为不轻！专务己肥，遑恤民瘠，壅阏吾君之德，使不得下达。愁怨之气，瀰漫两间，以至上干阴阳之和者，十而八九也。聚群羊而牧之以一狼，恣其啖食，何辜斯民？而至斯极。于斯之时，倏有人焉，尉惬其苏息之望，则民爱之也，乌得不如子之爱其父母哉！世固有廉者矣，其见不明，则为吏所蔽。虽廉何补？亦有廉而且明者矣，其心不仁，而自谓无取于民，不眩于事，而深刻严酷，又纵其下渔猎躏轹，略无恻隐之意。或其心虽仁，而短于剸裁，徒有仁心，而民不被泽，仁而不能故也。或其才虽能，而意之所向，不无少偏。终亦不免于小疵，能而未公故也。全此五善，难矣哉！』

鲁斋许氏曰：『每临事，且勿令人见喜。既令人见

喜，必是偏于一处，随后便有弊。盖喜悦非长久之理。既不令人喜，亦不令人怒，便是得中。』

齐东张氏曰：『夫及物之心，人孰不有第材质强弱不同，苟责其所短，痛自克治，则官无难为，事无不集矣。弛缓克之以敏，浮薄克之以庄，率略克之以详，烦苛克之以大体。苟不度所任，一徇己之偏而处之，鲜有不败者矣。』

又曰：『为政不难于始，而难于克终。初焉则锐，中焉则缓，末焉则废者，人之情也。谨终如始，故君子称焉。』

河东薛氏曰：『处事最当熟思缓处。熟思则得其情，缓处则得其当。』右下十七条

器度 一之四 共二十条

《坤·大象》曰：『地势坤，君子以厚德载物。』

《泰》九二《象》曰：『「包荒得尚于中行」以光大也。』

《君陈》曰：『必有忍，其乃有济；有容，德乃大。』右上三条

卓茂为密令，宽仁恭爱，恬荡乐道。自束发至白首，与人未尝有争竞。乡党故旧，虽行能与茂不同，而皆爱慕欣欣焉。初为令，有所废置，人皆嗤其不能。河南郡为置守令，茂不为嫌，治事自若。

娄师德深沉有度量，其弟守代州，师德教之耐事。弟曰：『人有唾面，洁之乃已。』师德曰：『未也，洁之是逆其怒，正使自干耳。』

韩琦为开封推官，理事不倦，汗流浃背。府尹王博文

大器重之，曰：『此人要路在前，而治民如此，真宰相器也。』后镇魏。朝城令解一卒，悖骂己者。公问伏罪，即于状后批处斩。从容平和，略不变色。文潞公镇魏时，复有解卒如前者。公震怒，问之伏，亦判处斩。此见二公之量不同。如公，则彼自犯法，吾何怒之有？不唯学术之妙，亦天资之高耳。

吴长文子璟，素以坚挺有节概称。韩魏公亦称之。及幕府有缺，或有以璟为言者。公曰：『此人气虽壮，然包蓄不深，发必暴，且不中节，当以此败。』逾年，璟败，皆如其言。

张咏镇蜀，当遨游时，士女环左右，终三年未尝回顾。此重厚可为薄末之检押。

杜衍有门生为县令，公戒以『韬晦无露圭角，毁方瓦

合，求合于中可也。』门生曰：『公平生以直亮忠信取重于天下，今反诲某以此，何也？』公曰：『某历任多，历年久，上为帝王所知，下为朝野所信，故得以伸其志。今子为县令，卷舒休戚，系之长吏。若不奉知，子乌得以伸其志？予所以欲子毁方瓦合，求合于中也。』右中六条

程子曰：『欲当大任，须是笃实。』

又曰：『量随识长，亦有人识高而量不长者，是识实未至也。』

又曰：『惟知道者，量自然宏大。』

又曰：『圣人之量，道也。常人之量，天资也。天资之量，须有限。』

朱子曰：『须是心度大，方包裹得过，运动得行。』

吕氏本中曰：『「忍」之一字，众妙之门。当官处事，尤是

先务。若能清，慎、勤之外，更行一忍。何事不办？《书》曰：『必有忍，乃有济。』此处事之本也。谚曰：『忍是敌灾星。』杜诗曰：『忍过事堪喜。』此皆切于事理，为世大法，非空言也。王沂公尝说：『「吃得三斗酽醋，方做得宰相。」盖言忍受得事也。』

齐东张氏曰：『凡在官，当知荣辱相倚伏，得失相胜负，成败相循环。虽天地之运，阴阳之化，物理人事，莫不皆然。然处之不以道，则纤毫之宠必摇，而一唾之辱必挫矣。故君子于外物重轻皆所不恤，顾在我何如耳。使其有可辱，虽不加谴，君子恒以为不足；使其无可辱，虽置之死地，君子恒以为有余。自昔圣贤，不幸横罹祸患，恬然不易其素者，灼乎此而已。苟惟能处荣，而不能处辱。惟能安顺境，而逆境不能一朝居。欲望其临政有余，为难

矣！

河东薛氏曰：『为官最宜安重，下所瞻仰。』

又曰：『接物大宜含宏，如行旷野而有展步之地。不然太狭，无自容矣。』

又曰：『人有才而露，只是浅。深则不露。方为一事，即欲人知，浅之尤者。』

又曰：『闻人毁己，即艴然而怒，其量小甚矣。』右下十一条

才识一之五 共十九条

季康子问：『仲由可使从政也与？』子曰：『由也果，于从政乎何有？』曰：『赐也可以从政也与？』曰：『赐也达，于从政乎何有？』曰：『求也，可使从政也与？』曰：『求也艺，于从政乎何有？』

子张问明。子曰：『浸润之谮，肤受之诉，不行焉，可谓明也已矣。浸润之谮，肤受之诉，不行焉，可谓远也已

矣。』

子曰：『不逆诈，不亿不信，抑亦先觉者，是贤乎！』

《离·大象》曰：『明，两作离，大人以继明照于四方。』

《明夷·大象》曰：『明入地中，明夷，君子以莅众用晦而明。』右上五条

傅翙为吴令，别建康令孙廉。廉因问曰：『闻丈人发奸擿伏，惠化如神，何以致此？』答曰：『无他，惟清而勤。清则宪纲自行，勤则事无不理。宪纲行则吏不能欺，事自理则物无凝滞。欲不理得乎！』

吕元膺守岳阳，因出游见有丧舆驻道左，男子五人衰服而随。公曰：『远葬则奢，近葬则省，此奸诈也。』因令

索之。棺中皆兵器，欲谋过江掠货，更有同党数十集彼岸，并擒付法。

张咏知江宁，有僧陈牒给凭。公据案熟视久之，判司理院勘杀人贼。郡僚不晓其故。公乃召僧问披剃几年，对曰：『七年』。曰：『何故额有巾痕？』即自首伏。乃一民与僧同行，道中杀之，以其度牒，自剃为僧。

庄遵为扬州刺史，巡行部内，闻哭声惧而不哀，驻车问之。答曰：『夫遭火烧死。』遵疑焉，令吏守之。有蝇集尸首，乃披髻视之，得铁钉焉。问，知此妇与奸夫共杀其夫。

明道先生于天下事，虽万变交于前，而烛之不失毫厘，权之不失轻重。盖其所知上极尧舜三代之治，下至行师用兵战阵之法，皆造其极。外之夷狄情状，山川道路之险易，边鄙防戍斥候控制之要，靡不究知。吏事操决，文

法簿书，又皆精密详练。宰晋城日，秩满，代者且至。吏夜扣门，称有杀人者。先生曰：『吾邑安有此？有则某村某人。』问之果然。家人问：『何以知之？』曰：『吾常疑此人，恶少之弗革者也。』

段少连为两浙转运使，旧使者所至郡县，索簿书，不暇殚阅，委之吏胥。吏胥持以为货。少连命县上簿书悉缄识，遇间指取一二自阅，摘其非者按之。不及阅者全缄识以还。由是吏不能为奸，而州县簿书，莫敢不治。

陈良翰为邑，事至多得其情。或问其故。公曰：『吾何术？第公吾心。使如虚室悬镜，而物之至者，妍丑自别耳。』

陆九渊知荆门，境内官吏之贪廉，民俗习尚之善恶，皆素知之。有人诉杀其子者，九渊曰：『不至是。』及追究

其子，果无恙。有诉窃取而不知其人，九渊出二人姓名捕之。讯之伏辜，尽得所窃物还诉者，且宥其罪，使自新。右中八条

程子曰：『人以料事为明，便骎骎入逆诈，亿不信去也。』

又曰：『人于天理昏者，只为嗜欲乱著他。庄子言：「其嗜欲深者，其天机浅。」此言却是。』

张子曰：『心虚则公平，公平则是非了然易见，当为不当为之事自知。』

朱子曰：『事变无穷，机会易失。酬酢之间，盖有未及省察，而谬以千里者。是以君子贵明理也。理明则异端不能惑，流俗不能乱，而德可久，业可大。』

西山真氏曰：『传曰公生明。私意一萌，则是非易位。欲事之当，理不可得也。』

齐东张氏曰：『古人云：「多算胜少算，少算胜无算。」不特用兵为然，一役之修，一宴之设，一狱之典，诚能思虑周详，繁略毕举，则民之受赐不浅矣。』右下六条

言貌 一之六 共二十三条

曾子曰：『君子所贵乎道者三：动容貌，斯远暴慢矣；正颜色，斯近信矣；出辞气，斯远鄙倍矣。』

《曲礼》曰：『毋不敬，俨若思。安定辞，安民哉！』

《周官》曰：『慎乃出令，令出惟行，弗惟反。以公灭私，民其允怀。』

《板》曰：『辞之辑矣，民之洽矣。辞之怿矣，民之莫矣。』

《抑》曰：『讦谟定命，远犹辰告。』

《表记》曰：『君子不以口誉人，则民作忠。故君子问

人之寒，则衣之；问人之饥，则食之；称人之善，则爵之。』

《抑》曰：『敬慎威仪，维民之则。』

北宫文子曰：『有威可畏之谓威，有仪之象之谓仪。君有君之威仪，其臣畏而爱之，则而象之，故能有其国家，令闻长世。臣有臣之威仪，其下属畏而爱之，故能守其官职，保族宜家。』右上八条

卓茂，哀、平间为密令，迁京部丞。雅实不为华貌，口无恶言。

刘宽温仁多恕，虽仓卒，未尝疾言遽色。

王茂性宽厚，居处方正，在一室衣冠俨然，虽童仆莫见其惰容。

张巡由令历守，虽厮养，必衣冠见之。

柳仲郢以礼律身，居家无事亦端坐拱手，出内斋未尝不束带。

包拯尹开封，天性峭严，不易言笑。人谓『包希仁笑，比黄河清。』

明道先生温然纯粹，终身无疾言遽色。龟山先生实似之。

黄龟年虽燕适，容必庄，坐必正，语必诚。以礼自防，虽仆妾不冠不见。右中八条

张氏景旸曰：『身者，礼貌之郛郭，国家之张本。持之以敬则修，从之以慢则败。故必动容，周旋中礼。虽言语亦不可轻忽，及秽恶骂人，无故叫笑，回斜转视。其衣冠亦当正大儒雅，不可效轻佻子弟之样。务使一身足为一方之表率，俨然人望而畏之可也。』

河东薛氏曰：『有官君子于临众处事之际，当极其恭敬，不可有一毫傲忽之心。进退燕息之时，亦当致其严肃，而不可有顷刻亵慢之态。』

又曰：『轻言戏谑最害事，盖言不妄发，则言出而人信之。苟轻言戏谑，后虽有诚实之言，人亦不之信矣。』

又曰：『常默最妙，己心既存，人亦生敬。』

又曰：『接下贵简，不可一语冗长。』

又曰：『处事了不形于言，最妙。』

又曰：『处大事不宜大厉声色，付之当然可也。』右下七条

服御 一之七 共二十三条

孔子曰：『禹，吾无间然矣，菲饮食而致孝乎鬼神，恶衣服而致美乎黼冕，卑宫室而尽力乎沟洫。禹，吾无间然矣。』

《少仪》曰：『衣服在躬，不知其名为罔。』

又曰：『君子服其服，而文以君子之容；有其容，则文以君子之辞；遂其辞，则实以君子之德。』右上三条

季文子相宣、成，无衣帛之妾，无食粟之马。仲孙它病其不为国华。文子曰：『吾观国人之父兄，食粗衣恶者犹多矣。而我美妾与马，无乃非相人者乎！且吾闻以德荣为国华，不闻以妾与马。』文子以告献子，献子囚之七日。自是子服之妾衣不过七升之布，马饩不过稂莠。

晏子相齐，景公欲更其宅，辞。晏子如晋，公更之。反，既拜，乃毁之，如其旧。又朝，乘敝车，驾驽马。公见之曰：『何不任之甚也？』对曰：『赖君之赐，得以寿三族及交游。臣得饱食暖衣，敝车驽马于臣足矣。』公赐之辂车乘马，三反不受。公不悦，趣召婴至曰：『夫子不受，寡

人亦不乘。』对曰：『君使臣临百官之吏，节其衣服饮食，以先国人，犹恐其侈靡而不顾其行。今辂车乘马，君乘之上，臣乘之下。民之无义，侈其衣食矣。』公从之。

斗文子三舍令尹，无一日之积。楚成王闻其朝不及夕也，每朝设脯一束、糗一筐以羞之，至今令尹秩之。王每出文子之禄必逃，止而后复。人谓文子曰：『人生求富贵，而逃之何也？』对曰：『夫从政者，以庇民也。民多旷者，而我取富焉，是勤民以自封，死无日矣。我逃死，非逃富也。』

羊续为南阳太守，时权豪多尚奢丽。续深疾之，常敝衣薄食，车马羸败，以矫其弊。府丞尝献生鱼，续受而悬于庭。丞后又进之，乃出所悬者，以杜其意。

董和为成都令，蜀土富实，货殖之家，侯服玉食；婚

姻葬送，倾家竭产。和躬率以俭，恶衣疏食，防遏僭逾，为之轨制。所在移风变善，畏而不犯。

裴侠为河北太守，躬履俭素，食唯蔬麦盐菜。郡制供守有渔猎夫三十人，役使民丁三十人。侠罢其渔猎夫，而收役使之庸直，为官市马。后马蕃息，一无所取。

傅翙代刘元明为山阴令，问元明曰：『愿以旧政告我。』答曰：『作县令，唯日食一升饭，而莫饮酒。此第一策也。』

郭祖深为南州校尉，公严清刻。常服布襦素衣，食不过一肉。有老姥饷一青瓜，报一匹帛，后有富人效之，以徒鞭而徇众。

崔鄜历鄂、虢二州刺史，室处痹陋，无步庑，霖潦则容盖，而屐以就位。

贾敦颐为沧州刺史，在职清洁。每入朝，尽室而行，唯敝车一乘，羸马数匹。衔勒有缺，以绳为之。见者不知其刺史也。

段季实为泾源节度使，奉身清俭，室无姬妾，非公未尝饮酒听乐。

柳仲郢三为大镇，厩无良马，衣不薰香。

范仲淹曰：『吾遇夜就寝，即自记一日饮食奉养之费及所为之事，果费与事相称，则鼾鼻熟寐。或不然，则终夕不能安眠，明日必求所以称之者。』

吕希哲在淮阳时，东莱公为曹官，所居廨舍无几案，以竹缚架上置书册。器皿之属，悉不能具，处之甚安。其简俭，如此。

晦庵先生提举浙东，每出行，皆乘单车，屏徒从。所历虽广而人不知。郡县官吏惮其风采，苍黄惊惧，常若使者压其境。 右中十五条

涑水司马氏曰：『先公为郡牧判官，客至未尝不置酒，或三行，或五行，不过七行。酒沽于市，果止梨栗柿枣，肴止脯醢菜羹，器用瓷漆。当时士大夫皆然，人不相非也。会数而礼勤，物薄而情厚。近世士大夫家，酒非内法，果非远方珍异，食非多品，器皿非满案，不敢会宾友。常数日营聚，然后发书。苟或不然，人争非之，以为鄙吝。故不随俗奢靡者鲜矣。嗟夫！风俗颓弊如此。居位者虽不能禁，忍助之乎！』

东莱吕氏曰：『古人自奉简约，类非后世所能及。如饮食高下，自有制度。诸侯无故不杀牛，大夫无故不杀羊，士无故不杀犬豕。此犹是极盛时制度也。大抵古人得

肉食者甚少。如「食肉之禄，冰皆与焉」。「肉食者谋之」，「肉食无墨」，此言贵者方得肉食也。比之后人，简约甚矣。』

鲁斋许氏曰：『天地间，为人为物，皆有分限。分限之外，不可过求，亦不得过用。暴殄天物，得罪于天。』

《为政准则》曰：『居官不得作意营办奇丽之服，嗜好鲜腴之味。如此则奸民猾吏多方觅致，以为钓饵，而一任之间，为其所制，莫敢谁何矣。闺门尤宜谨戒。』（此不知作书人名，故姑以书名。）

广昌何氏曰：『居官须要淡薄，若欲美食美衣，则俸禄有限，必至于贪财。财唯富家所有，若一受之，则畏其言告，必委曲以顺其情。凡有催科，词讼相连，必至放富差贫，颠倒曲直。神怒人怨，必由于此。灾祸之至，其能免乎！』右下五条

采纳 一之八 共十九条

《仲虺之诰》曰：『好问则裕，自用则小。』

《大禹谟》曰：『无稽之言勿听，弗询之谋勿庸。』

《太甲》曰：『有言逆于汝心，必求诸道。有言逊于汝志，必求诸非道。』

《君陈》曰：『图厥政，莫或不艰。有废有兴。出入自尔师虞，庶言同则绎。』

《丰·六五》曰：『来章有庆誉，吉』。右上五条

黄霸为守，吏民见者，语次寻绎，问他阴伏，以相参考。尝欲有所司察，择年长廉吏遣行，属令周密。吏出不敢舍邮亭，食于道傍，乌攫其肉。民欲有诣府口言事者，适见之，霸与语，道此。后吏还，霸曰：『甚苦！食于道傍，乃为乌所盗肉。』吏大惊，以为知其起居，所问毫厘不敢

隐。

岑熙为魏郡太守，招聘隐逸，与参政事，无为而化。

庞参为汉阳太守，郡人任棠有奇节，参到先候之，棠不与言。但以薤一大本、水一盂，置户屏前。自抱儿孙，伏于户下。主簿白以为倨。参思良久，曰：『是欲晓太守也。水者，欲吾清也；拔大本薤者，欲吾击强宗也；抱儿当户者，欲吾开门恤孤也。』叹息而还。在职果能抑强助弱，以惠牧得民。

韩延寿治郡，所至必聘其贤士，以礼待用，广谋议，纳谏诤。尝出，临上车，骑吏一人后至。敕功曹议罚白。还至府门，门卒当车，愿有所言。延寿止车问之。卒曰：『《孝经》曰：「资于事父以事君，而敬同，故母取其爱，君取其敬，兼之者，父也。」明府车驾久驻未出，骑吏父来，闻之趋

走出谒，适会明府登车。以敬父而见罚，得毋亏大化乎！』延寿举手舆中曰：『微子！太守不自知过。』归舍召见门卒。其纳善听谏，皆此类也。

郭伋在并州，聘求耆德雄俊，设几杖之礼，朝夕与参政事。

羊续为南阳太守，入界羸服闲行，观历县邑，採问风谣，然后进。其令长贪洁，吏民良猾，悉知其状。郡内震慑。

萧凝，南齐豫章王也。出为江州刺史，徙荆州。务存省约，停州府迎送仪。及至州，坦怀纳善，侧席思政。

吴玠除陕西宣抚，简易如故。常负手步出，与军士立语。幕客请曰：『今大敌虽远，安知无刺客？万一有意外患，岂不上负朝廷，下孤人望。』玠谢曰：『诚如君言，然某意不如此。国家使某为宣抚，欲不出，恐军民之冤抑而无

告者，为门吏所隔，无由自达。所以累出为此也。』

崔与之为广西宪使，所至褰帷问俗，导人使言。有条利害以告者，必为之罢行乃去。右中九条

程子曰：『人心所从多所亲爱者，常人之情，爱之则见其是，恶之则见其非。故妻孥虽失而多从，所憎之言虽善为恶也。』

《为政准则》曰：『在位，必延端人正士，信实父老，询访民间利病，以通下情。询访之后，更须隔别质正的实，然后折衷施行。又不可一概听信，反误事体。』

河东薛氏曰：『左右之言，不可轻信，必审其实。』

又曰：『亲爱之言，不可偏听。』

又曰：『听言杂，则与之俱化，遂失其正。故贵乎「听德惟聪」。』右下五条

牧鉴卷三

治体二

治体者，设施布置之规模是也。是故肃其分始不紊，得其意而不戾，通其变始不倦。古人之治，久而无弊者，以是道也。今欲议体，舍则于是，可乎！

敬稽《经》订《传》，得若干条，别为五目，以为治体之鉴。曰上下，所以定分也；曰宽严，曰烦简，曰急缓，所以制意也；曰因革，所以达变也。近世君子言行有几乎是与足冀乎此者，亦如前附之。世与有其责者，详而鉴之，则古治之善，不得专美于前矣。

上下 二之一 共十七条

《履·大象》曰：『上天下泽，履。君子以辩上下，定民志。』

齐景公问政。孔子对曰：『君君，臣臣，父父，子子。』

《立政》曰：『文王罔攸兼于庶言，庶狱庶慎，惟有司之牧夫，是训用违。』

《曲礼》曰：『公事不私议。』

《玉藻》曰：『凡赐，君子与小人不同日。』

孟子曰：『君子平其政，行，辟人可也。』右上六条

公仪休为鲁相曰：『食禄者不得与民争利，受大者不得取小。』食茹而美，拔园葵而弃之。见其家织好而疾之，出其织妇，燔其机。云：『令农夫工女，安所酬其货乎？』

薛宣为临淮太守，入左冯翊。得郡中吏民罪名，辄召告其县长吏，使自行罚。晓曰：『府所以不自发举者，不欲代县治，夺贤令长名也。』长吏莫不喜惧，免冠谢。

马援为陇西太守，任吏以职，但总大体。诸曹时白外事，援曰：『此丞掾之任，何足相烦？颇哀老子，使得遨游。若大姓侵小民，黠羌欲旅距，此乃太守事耳。』

诸葛亮常自校簿书，主簿杨颙谏曰：『为治有体，上下不可相侵。请为明公以作家譬之：今有人使奴执耕，婢典爨，鸡司晨，犬吠盗，牛负重，马涉远。私业无旷，所求皆足。雍容高枕，饮食而已。忽一旦尽欲以身亲其役，形疲神困，终无一成。岂其智不如奴婢鸡犬哉？失主家之法也。』亮谢之。

李愬既执送吴元济，裴度入蔡，愬具櫜鞬候马首，度将避之，愬曰：『此方不识上下等分久矣，请公因以示之。』度以宰相礼受愬谒，众耸观焉。

韩琦辞位，授陕西安抚使。时二府议边事未决，曾公

亮奏曰：『韩琦朝辞在门外，乞与同议。』帝亟召之。奏曰：『臣前日备员政府，自当参议。今日藩臣也，唯奉行朝廷命耳，决不敢与。』后吕惠卿除知延州，自请议边事及黜贬。帝谕辅臣曰：『韩琦老臣，自识体也。』

文彦博元丰间，以太尉留守西京未交印，坐见监司。明日交府事，以次见监司，如常仪。或以问公。公曰『吾未视府事，三公见庶僚也；既交印，河南知府见监司矣。』

赵抃知虔州，戒诸县令，使人自为治。令皆喜，争尽力。狱以屡空。

苏颂知江宁，每有发敛，府移追扰县吏，系累于道。颂至则曰：『此令职也，府何与焉？』尽释之。右中九条

朱子曰：『人各有意，欲行其私。而善为治者，乃能总摄而整齐之，使之各循其理，莫敢不如吾志之所欲者，

则先有纲纪以持之于上，而后有风俗以驱之于下也。何谓纲纪？辨贤否以定上下之分，核功罪以公赏罚之施也。何谓风俗？使人皆知善之可慕而必为，知不善之可羞而必去也。』

西山真氏曰：『州之与县，本同一家。长吏僚属，亦均一体。若长吏偃然自尊，不以情通于下，僚属退然自默，不以情达于上，则上下痞塞，是非莫闻。政疵民隐，何处而理乎？』右下二条

宽严 二之二 共十七条

《君陈》曰：『宽而有制，从容以和。』

子产曰：『惟有德者，能以宽服人。其次，莫如猛。夫火烈，民望而畏之，故鲜死焉；水懦弱，民狎而玩之，则多死焉。故宽难。』

孔子曰：『政宽则民慢，慢则纠之以猛；猛则民残，残则施之以宽。宽以济猛，猛以济宽。政是以和。』右上三条

隽不疑为京兆尹，行县录囚徒还，母辄问：『有平反，活几何人命？』即多所平反，母嬉笑异他时；或无所出，母怒为不食。故不疑为吏，严而不残。尝语暴胜之曰：『凡为吏太刚则折，太柔则废。威行施之以恩，然后立功扬名，永终天禄。』

张敞为京兆尹，其政虽严，颇有纵舍。闻严延年用刑刻急，乃贻书曰：『昔韩卢之取兔也，上观下获，不甚多杀。愿少卿少缓诛罚，思行此术。』延年不从。初，延年母从东海来，到洛阳适见报囚。母大惊，便止都亭，不肯入府。延年出至都亭见母，母不见，因数责之：『幸得备郡守，专治千里，不闻仁爱教化，安全愚民，雇乘刑罚，多刑杀

人，欲以立威，岂为民意哉！天道神明，人不可独杀。我不意当老见壮子被刑戮也。』后岁余，延年果败。

王畅守南阳，下车奋厉威严，豪党有衅秽者，莫不纠发。豪右大震。功曹张敞奏记曰：『五教在宽，著之经典。化人在德，不在用刑。』畅深纳之，更崇宽政，慎刑简罚，教化遂行。

欧阳修为数郡，以宽简不扰为意。故所至民便，既去民思。如青、扬、南京皆大郡。公至三五日间，事已减十五六，一月后官府如僧舍。或问公：『为政宽简而不废弛，何也？』曰：『以纵为宽，以略为简，则废弛而民受其弊。吾所谓宽者，不为苛急耳；吾所谓简者，不为繁碎耳。』

赵抃再守杭州，杭，天下剧郡。公从容为之。其政，本于孝弟，不严而肃。识者谓西京循吏不能过也。右中五条

程子曰：『管辖人亦须有法，徒严不济事。』

龟山杨氏曰：『宽须要有制，始得。若百事不管，惟务宽大，则吏胥舞文弄法，不成官府。须要权常在己，操纵与夺，总不由人，尽宽不妨。』

又曰：『为政要厉威严，使事事整齐，甚易。但失于不宽，便不是古人作处。』

豫章罗氏曰：『朝廷立法，不可不严；有司行政，不可不恕。不严，则不足以禁天下之恶；不恕，则不足以通天下之情。』

朱子曰：『先王为政之本，宽严先后之异施者，不敢不讲。』曰：『为政以宽为本者，谓其大体规模意思，当如此耳。古人察理精密，持身整肃，无偷惰戏豫之时，故其政不待作威而自严。但其意则以爱人为本耳。及其施之于政事，更须有纲纪文章，关防禁约，截然而不可犯。然后吾之所谓宽者，得以随事及人，而无颓败不举之处。人之蒙惠于我，亦得以通达明白实受其赐，而无间隔欺蔽之患。

圣人说政以宽为本，而今反欲其严。正如古乐以和为主，而周子反欲其淡。盖今所谓宽者，乃纵弛，所谓和者，乃淫哇，非古所谓宽与和也。故必以是矫之，乃得其平耳。

如其不然，虽有爱人之心，而事无统纪，缓急、先后、可否、与夺之权，皆不在己。于是奸豪得志，而良善之民反不被其泽矣。此事利害只在目前，不必引《书》、《传》，考古今而后知也。但为政有规矩，使奸民猾吏不得行其私。然后刑罚可省，赋敛可薄。所谓以宽为本，体仁长人，孰有大于此者乎？』

或问：『为政更张之初，莫亦稍严以整齐之否？』朱子曰：『此事难断定说，在人何如处置。然亦何消过于严？今所难者，是难得晓事底人。若晓事底人历事多，事才至面前，他都晓得依那事分寸，而施以应之，人自然畏服。今人往往过严者，多半是自家不晓，又虑人欺己，又怕人慢己，遂将大拍头去拍他，要他畏服。若自见得，何须过严？』

南轩张氏曰：『胸中著一宽字，宽必有弊；著一猛字，猛必有弊。吾徒处事，当如持衡。高者下之，低者平之。圣人之权，则常平矣。』

西山真氏曰：『世之言政者，有曰宽以待良民，而严以御奸民也；或曰抚民当宽，而束吏贵严也；或曰始严而终之以宽也。然则治民之术，果尽于此乎？如尽于此，夫人之所知也，吾何庸思？且世之能是者亦众矣，抑何其合于圣贤者寡也？呜呼！吾患不能存吾心焉耳。吾心

存，则蕴之为仁义，发之为恻隐，羞恶随物以应，而无容心焉，则宽与严在中矣。天理浑然，随感而应。其于当爱者，悯恻施焉。非吾爱之也，仁发乎中，不能不爱之也。其于当恶者，惩艾加焉。非吾恶之也，义动于中，不能不恶之也；吾之爱恶，以天不以人。故虽宽，而宽之名不闻；虽严，而严之迹不立。治人之其庶矣乎！』

河东薛氏曰：『为政当有弛张。张而不弛，则过于严；弛而不张，则流于废。』右下九条

烦简 二之三 共十三条

仲弓曰：『居敬而行简，以临其民，不亦可乎？居简而行简，无乃太简乎？』右上一条

曹参为齐相，至齐，尽召诸先生，问所以安集百姓。

而齐故诸儒以数百，言人人殊。参闻胶西有盖公，善治黄、老言，使人请之。盖公为言：『治道贵清静，而民自定。』参乃避正堂以舍之，用其言，齐国安集。后为丞相，择讷于文辞，谨厚长者，即召为丞相史吏；言文深刻，欲务声名者，辄斥去之。人有细过，掩覆匿盖，府中无事焉。

汲黯迁东海守，好清静，择丞史任之，责大旨而已，不苛小。其治务在无为，引大体，不拘文法。

顾凯之为山阴令，邑繁剧，前官昼夜不得休，事犹不举。凯之御烦以约，县用无事。

陆象先为益州，政尚简恕而蜀化。尝曰：『天下本无事，庸人扰之为烦。第澄其源，何忧不治耶？』

阳城贬道州刺史，治民如治家，宜罚罚之，宜赏赏之，不以簿书介意。

寇准知巴东县，每期会，赋役不出符移，惟具乡里姓名揭县门。民莫敢后。种世衡知武功县，亦尝以此法追呼人。

杜衍为郡，簿书出纳，推析毫发，终日无倦色。至为条目，必使吏不得为奸而已。及其施于民者，则简易而易行。

陈尧佐知开封，谓：『治烦之术，任威以击强，尽察以防奸。譬如激水，则欲其澄也。』故公为政，一以诚信。

张戬为邑，养老恤穷皆有常，察恶劝善皆有籍。勾考会计，密察不苟。府吏束手，举莫能欺。

张养浩为县，见前时胥吏，春则追农以报农桑，夏则檄尉以练卒伍，秋则会社以检义粮，冬则赋刍以饲尚马。其他若逃兵亡户逸盗及积年逋负之民，动集百余，不賄不释。吏以此类至者，常挥牍不为署。暇则将一二谨厚

吏，亲诣其地而按之。可拟者拟，可行者行，其余一切以信牌集事。吏人失志，百姓获安。旁郡以为例。右中十条

程子曰：『为政，须要有纲纪文章，先有司乡官读法，平价谨权审量，皆不可阙也。』

朱子曰：『仕宦每日词状，须置一簿，穿字号，录判语到事，亦作一簿。发放文字，亦作一簿。每日必勾了号，要一日内许多事都了方得。若或做不办，又作一簿，记未了事，日日检点。如此方不被人瞒了事。』右下二条

急缓 二之四 共十条

子夏为莒父宰，问政。孔子曰：『无欲速，无见小利。欲速则不达，见小利则大事不成。』

孔子告子张曰：『不戒视成谓之暴，慢令致期谓之贼。』右上二条

尹翁归治东海，郡中贤不肖尽知之，县县各有记籍。自听其政，有急名，则少缓之；吏民少懈，辄披籍取人。取人不以无事时，必于秋冬课吏大会中，及出行县。其有所取，以一警百。入守右扶风，治如在东海。缓于小弱，急于豪强。

龚遂举治渤海，召见，对曰：『臣闻治乱民，如治乱绳，不可急也。惟缓之然后可治。』

何武为刺史，行部必即学官见诸生，问以得失。然后入传舍，问垦田美恶，已见二千石。

高智周拜寿州刺史，行部先见诸生，质经义及政事得失。既乃录讼，考耕饷勤惰，以为常。

曾巩为郡，所至出教，事应下县，责其属，度急缓与之期。期未尽，不复移书督促；期尽不报，按其罪。期与

事不相当，听县自言，别与之期。而按与期者，即有所追逮，州不遣人至县，县毋遣人呼其门。县初未甚听，公小则罚吏，大则并劾县官。于是莫敢慢，事皆先期而集，民不知扰，所省文移数十倍。右中五条

朱子曰：『天下之事，有急缓之势；朝廷之政，有急缓之宜。当缓而急，则繁细苛察，无以存大体，而朝廷之气，为之不舒。当急而缓，则怠惰废弛，无以赴事几，而天下之事，日入于坏。然愚以为当缓而急，其害固不为小，若当急而反缓，则其害有不可胜言者。不可以不察也。』

又曰：『如今做守令，其弊百端，岂能尽防？如吏胥沉滞公事，邀求于人，人皆知可恶，无术以防之。要在严立程限，限日到，自要苦苦邀索不得。』

鲁斋许氏曰：『为天下国家，有大规模。规模既定，

循其序而行之，使无过不及，则治功可期。否则心疑目眩，变易纷更，日计有余而岁计不足，未见其可也。后先之序，急缓之宜，各有定则，可以意会，不可以言传也。』右下三条

因革二之五 共二十条

《蔡仲之命》曰：『率自中，无作聪明，乱旧章。详乃视听，罔以侧言改厥度。』

《假乐》曰：『不愆不忘，率由旧章。』

《王制》曰：『广谷大川异制，民生其间者异俗；刚柔轻重迟速异齐，五味异和，器械异制，衣服异宜。修其教不易其俗，齐其政不易其宜。』

《檀弓》曰：『国奢示之俭，国俭示之礼。』

《周礼·大司寇》曰：『掌建邦之三典，以佐王刑邦国，诘四方。一曰刑新国用轻典，二曰刑平国用中典，三

曰刑乱国用重典。』右上五条

公仪休为鲁相，奉法循礼，无所变更，百官自正。

孙叔敖相楚，楚子欲卑车，叔敖谏曰：『令数下，则民不知所从。』

孟尝为合浦太守。郡不产谷实，而海出珠宝，常通商贩，货籴粮食。先时守宰多贪秽，采求不知纪极，珠遂渐徙于交趾郡界。于是行旅不至，人物无资，贫者饿死于道。尝到官，革易前弊。曾未逾岁，去珠复还。

谢方明善治郡，所至有能名。承代前人，不易其政。必宜改者，则以渐移变，使无迹可寻。

崔郾历鄂、虢二州，治虢以宽，经月不笞一人。莅鄂严法峻诛，一不少贷。或问其故。曰：『陕土瘠而民劳，吾抚之不暇，犹恐其扰。鄂土沃民剽，杂以夷俗，非用威不能治。政所以贵知变也。』

柳仲郢拜京兆尹，政号严明。后为河南尹，以宽惠为治。或言『不类京兆时』。答曰：『辇毂之下，先弹压。郡邑之政，本惠养。乌可类乎？』

萧振知成都，一切以宽为治。或问其故。曰：『承弛纵革之当严，继苛刻非宽则民力瘁矣。』

张詠前治蜀严威，惠在人。王均乱后，复以公知益州。蜀民闻之，鼓舞相庆。公知民信己，易严以宽，凡令下，人无不慰惬。蜀郡复大治。

曹玮久在秦州，累章求代。王旦举李及。或问其故。曰：『玮知秦州七年，羌人詟服。边郡之事，玮处之已尽其宜矣。他人往，必矜其聪明，多所变置，败玮成绩。及厚重，必能谨守玮之规模而已。』

欧阳修代包拯尹开封，包以威严御下，名震都邑。公简易循理，不求赫赫之名。或有以包公之政励公者，公曰：『凡人材性不同，用其所长，无事不举；强其所短，势必不逮。吾亦任吾所长而已。』右中十条

程子曰：『居今之时，不安今之法令，非义也。若论为政，不为则已，如复为之，须于今之法度内，处得其当，方为合义。若须更改而后有为，何义之有？』

又曰：『革而无益者，犹可悔者，况反害乎？古人所以重改作也。』

又曰：『圣贤处世，在人理之常，莫不大同。于世俗所同者，则有时而独异。』

朱子曰：『为政无大利害，不必议更张。更张则所更一事未必成，必哄然成纷扰也。』

又曰：『而今有司，只合奉行朝廷制度。士大夫自去创立，亦自不便。张敬夫亦好如此。恐非《中庸》「不敢作礼乐之意。」』右下五条

牧鉴卷四

应事三

牧民之事多矣。吾尝酌其宜，比其类而析之为目，不过十而已。盖『教化』所以复民性，『抚』字所以遂民生，『农桑』开衣食之源，『催科』制财力之入，『讯谳』以辩诬罔，『刑罚』以惩奸慝，『财用』以足公费，『市价』以平私贸，『祠祀』礼神以安民，『防御』预备以恤患。为务虽有大小之分，在职则无彼此之闲。古人皆运以精神心术之微，而尽乎事理当然之极。故事集而民安，德久而业大，诚后世所当鉴者也。

今敬采《经》《传》之言，因事为类，以备酬应之鉴。若夫设施经画以宜于时，斡旋低昂以妙于用，则以中、下该之。脱犹未备，则又在君子引伸触类，以尽其余也。

教化 三之一

有学校之教，有训谕之教，有导引之教，唯能修身以端其本，又随事以妙其施，则教化行矣。共六十二条

《学记》曰：『古之王者建国，君民教学为先。』

《君陈》曰：『惟民生厚，因物有迁。违上所命，从厥攸好。尔克敬典在德，时乃罔不变。』

《君牙》曰：『宏敷五典，式和民则，尔身克正，罔敢弗正。民心罔中，惟尔之中。』

《思齐》曰：『肆成人有德，小子有造。古之人无释，誉髦斯士。』

《大畜·六四》曰：『童牛之牿，元吉。』

《益稷》曰：『庶顽谗说，若不在时，侯以明之，挞以记之，书用识哉，欲并生哉！工以纳言，时而扬之。格则承之庸之，否则威之。』

《毕命》曰：『道有升降，政由俗革。不臧厥臧，民罔

攸劝。』

又曰：『旌别淑慝，表厥宅里，彰善瘅恶，树之风声。弗率训典，殊厥井疆，俾克畏慕。』

《君陈》曰：『简厥修，亦简其或不修。进厥良，以率其或不良。』

孟子曰：『民之有道也，饱食、暖衣、逸居而无教，则近于禽兽。圣人有忧之，使契为司徒，教以人伦：父子有亲，君臣有义，夫妇有别，长幼有序，朋友有信。放勋曰：「劳之来之，匡之直之，辅之翼之，使自得之，又从而振德之。」』

又曰：『谨庠序之教，申之以孝弟之义，颁白者不负戴于道路矣。』

《周礼·州长》：『各掌其州之教治政令之法。正月

（建子月）之吉，各属其州之民而读法，以考其德行道艺而劝之，以纠其过恶而戒之。若以岁时祭州社，则属其民而读法，亦如之。岁终则会其州之政令，正岁（建寅月）则读教法如初。』

《党正》：『各掌其党之政令教治，及四时之孟月吉日，则属民而读邦法，以纠戒之。春秋祭禜，亦如之。』

《族师》：『各掌其族之戒令政事。月吉，则属民而读邦法。』

《闾胥》：『各掌其间之征令，聚众庶，既比则读法。

右上十五条

文翁为蜀郡太守，蜀地僻，有夷风。翁欲诱之，选郡县小吏开敏有才者十余人，遣诣京师，受业博士，或学律令。减省少府用度，买刀布蜀物以遗博士。数岁，蜀生皆成就还，翁以为右职，用次察举。官有至郡守刺史者。又

起学官成都市中，招下县子弟，以为学官弟子，为除更繇。高者以补郡县吏，次者孝弟力田。常选学官童子，使在便座受事。每出行县，益从学官诸生，明经饬行者与俱，使传教令，出入闺阁。吏民见而荣之，争欲为学官弟子，富人至出钱求之。举于京师，比齐鲁焉。

韩延寿守颍川，郡俗告讦相仇。延寿欲更改之，乃召长老数十，设酒食，问人所疾苦。为陈和睦亲爱，消除怨咎之路。长老皆以为便，可施行。因与议定嫁娶丧祭仪品。又令学官诸生，皮弁执俎豆，为民行礼。百姓遵用其教。入守左冯翊，行县至高陵，有兄弟相讼田。延寿大伤之，曰：『幸备位郡表率，不能宣明教化，至令骨肉争讼，咎在冯翊当先退。』遂移疾闭阁思过。一县莫知所为，令丞以下皆自系待罪。于是讼者兄弟深自悔，愿以田相移，

终死不争。延寿喜，乃起听事。纳酒食与相对饮食，励勉以意告乡部，以表劝悔过迁善之民，劳谢令丞以下。郡中翕然，莫复以词讼自言者。

卓茂为密令，举善而教。吏民亲爱，不忍欺之。民有言亭长受其米肉遗者。茂曰：『亭长从汝求乎？为汝有事属之而受乎？将平居自以恩遗之乎？』民曰：『往遗之耳。』茂曰：『遗之而受，何故言耶？』民曰：『窃闻贤明之君，使民不畏吏，吏不取民。今我畏吏，是以遗之。吏既卒受，故来言耳。』茂曰：『汝为敝民矣。凡民所以群居而不乱，异于禽兽者，以其有仁爱礼义，知相敬事也。汝独不欲修之，宁能高飞远走，不在人间耶？吏固不当乘威力强请求耳。亭长素善吏，岁时遗之，礼也。』民曰：『苟如此，《律》何故禁之？』茂笑曰：『《律》设大法，礼顺人情。今我以礼

教汝，汝必无怨恶；以《律》治汝，汝何所措其手足乎！一门之内，小者可论，大者可杀也。且归念之。』

鲁恭拜中牟令，专以德化为理，不任刑罚。讼人许伯等争田，累守令不能决。恭为平理曲直，皆遣而自责，辍耕相让。亭长从人借牛，不肯还之。牛主来讼。恭敕令归牛者再三，犹不从。恭叹曰：『是教化不行也。』欲解印绶去。亭长乃惭悔还牛，于是吏人信服。

张霸为会稽太守，郡人有业行者，皆见擢用。郡中争厉志节，习《经》者以千数，道路但闻诵声。

何敞为汝南太守，立春日，分遣儒术大吏案属县，显孝弟有义行者，是以郡中无怨声，百姓化其恩礼。

刘宽拜南阳太守，每行县止息亭传，引学官祭酒及处士诸生，执经对讲。见父老，慰以农里之言；少年，勉

以孝弟之行。人感德兴行，日有所化。

秦彭迁山阳太守，以礼训人，不任刑罚。崇好儒雅，敦明庠序。每春秋乡射，辄修升降揖让之仪。乃为人设『四戒』，以定父母、夫妇、长幼、兄弟之礼。有遵其教化者，擢为乡三老，以八月置酒肉，以劝之。

任延拜会稽都尉，静淡无为，惟先遣馈礼，祠延陵季子。聘请高行如董子仪、严子陵等，敬待以师友之礼。每时行县，辄使慰勉孝子，就餐饭之。又立学官，椽吏子孙皆令入学受业，复其徭役。章句既通，悉显拔荣进之。郡遂有儒雅之士。

童恢除不其令，吏人有犯禁法，辄随方晓示。若吏称其职，人行善事者，皆赐酒肴，以劝励之。一境清静，牢狱连年无囚。比县流人，归化徙居者二万余户。

刘矩迁雍邱令，以礼化民，其无孝义者，皆感悟自革。民有争讼者，矩常引之于前，提耳训告。以为忿恚可忍，县官不可入。讼者感之，辄各罢去。有路得遗者，皆推寻其主。

许荆为桂阳太守，郡俗脆薄，不识学义。荆为设婚丧制度，使知礼禁。尝行春到耒阳，有兄弟争财，互相言讼。荆对之叹曰：『吾教化不行，咎在太守。』乃使吏上书，乞诣廷尉。讼者兄弟感悔，各求受罪。父老称歌。病卒，人为立祠。

仇香为蒲亭长，劝人生业，为制科令，令子弟就学。赈恤穷寡，期年大化。民有陈元，独与母居，母告元不孝。香惊曰：『吾近过元舍，庐落整顿，耕耘以时。此非恶人当是教化未至耳。母守寡养孤，苦身投老。奈何以一旦之

忿，弃历年之勤乎！且母为人养孤，不能成济。若死而有知，百岁之后，当何以见亡者？』母泣涕而起。香乃亲到元家，为陈人伦，譬以祸福。元感悟，卒为孝子。

刘梁除新城长，告县人曰：『昔文翁在蜀，道著巴汉，庚桑琐隶，风移碨磥。吾虽小宰，犹有社稷。苟赴期会，理文墨，岂本志乎？』乃更大作讲舍，聚生徒数百人，朝夕自往劝诫。身执经典，试殿最。儒化大行。

颜斐为京兆守，吏民欲诵书者，复其小徭。

柳遐为霍州刺史，导人务先以德。再三不用命者，乃微加贬异，示耻而已。其下感而化之，不复为过。

苏琼为清河太守，每年春，招集大儒魏觊隆、田元凤等，讲于郡学。朝吏文案之暇，悉令授书。时人指吏曹为学生屋。婚姻丧葬，皆教令俭而中礼。民有乙普明兄弟，

争田积年不断。琼对众谕之曰：『天下难得者兄弟，易求者田地。假令得田，失兄弟，心何如？』因而下泪。诸证人莫不洒泣，普明兄弟叩头乞外思，分异十年，遂还同住。

郎茂为卫国令，有民张元预，兄弟不睦。丞尉请加严刑。茂曰：『元预兄弟本相憎疾，又坐得罪，弥益其忿。非化民之意也。』乃徐谕以义。元预等各感悔，顿首请罪，遂相亲睦。

房景伯守清河，郡人刘简虎尝无礼于景伯，举家亡去。景伯署其子为掾。时，山贼起，令往谕之。贼以景伯不念旧恶，相率出降。景伯母崔氏，通《经》，有明识。贝邱妇人列其子不孝。景伯白其母。母曰：『民未知礼义，何足深责！』乃召其母，与之对榻共食。使其子侍立堂下，观景伯供食。未旬日，悔过求还。崔氏曰：『此虽面惭，其心

未化也。且置之。』凡二十余日，其子叩头流血，母泣涕乞还。然后听之。卒以孝闻。

辛公义除岷州刺史，土俗畏病。一人有病，合家避之。孝慈道绝，病者多死。公义欲变其俗，遣人巡检部内，凡有疾者，皆以床舆来，置郡厅，亲榻坐其间，日夕对之理事。以秩俸市药，为迎医疗之。于是悉差。乃召其亲戚，谕之曰：『死生有命，不相关著。前汝弃之，所以死耳。』此风遂革。

刘旷为平乡令，单骑之官。人有争讼者，辄丁宁晓以义理，不加绳劾，各自引咎而去。所得俸禄，赈施贫穷。百姓感其德化，更相笃励，曰：『有君如此，何得为非？』在职七年，风教大洽，争讼绝息，囹圄尽皆生草，庭可张罗。

梁彦光为相州刺史，初，齐亡，人情险诐，风俗薄恶。

彦光欲革弊，用秩俸招致山东大儒。每乡立学，非圣哲书不得授。尝召集亲试，有勤学听令者，升堂设馔，余并坐廊下。有好讼惰业者，坐之庭中，设以草具。及大成，举宾兴之礼，又于郊外祖道，以财物资之。于是人皆刻厉，风俗大改。滏阳人焦通，酗酒逆亲。彦光弗之罪，将至州学，令观《伯俞泣杖图》，感悟悲愧，若无所容。乃谕遣之。后改过励行，卒为善士。

韦景骏为贵乡令，有子母相讼者。景骏曰：『令少不天，常自痛。尔幸有亲，而忘孝耶？教之不孚，令之罪也。』因呜咽流涕。付授《孝经》，使习大义。于是母子感悟，各请自新。遂为孝慈。

赵昊为陕州刺史，尝有人盗昊田中藁者，为吏所执。昊曰：『此乃刺史不能宣风化，彼何罪也？』慰谕而遣

之，令人载藁一车以赐之。盗者愧赧，过于重刑。

高士廉为益州长史，蜀俗畏鬼而恶疾，父母病危殆，不躬扶持，杖头挂食，遥以食之。兄弟异财，罕通假借。士廉随方劝诱，有不悛者，亲率官员诣门劝谕。由是邑里翕然，多为孝弟。

李德裕禁浙西信巫弃亲，与此相同。顾宪之谕衡阳洗骨除祟，与此相近。皆可互观。

李栖筠为浙西观察使，时师旅之后，讲诵仅绝。乃大开学馆，堂上画《孝友传》。招延秀异，表大儒褚冲、何员为学者师。身自执《经》，质问疑义。由是远迩趋风鼓箧，升堂者至数百人。教化大行，俗若邹鲁。

常衮为福建观察使，始闽人未知学。衮为设乡校，使作为文章，亲加讲导，与为主客均礼，游观宴享与焉。由是俗一变，岁贡士与内州等。

明道先生为晋城令，民以事至者，必告以孝弟忠信，

入以事其父兄，出以事其长上。诸乡皆有校，暇时亲至，召父老，而与之语。儿童所读书，亲为正其句读。教者不善，则易置。又令乡民为社会，为别科条。旌表善恶，使有劝有耻。邑几万室，三年之间，无强盗及斗死者。习俗喜焚尸，虽孝子慈孙，习以为安。先生教谕禁止，民始信而改。

横渠先生为云岩令，每以月吉，具酒食，召高年会于县庭，亲为劝酬，使人知养老之义。因问民疾苦，及告以训戒子弟之意。有所告教，恐文移之不能尽达于民，每召乡长于庭，谆谆口谕，使往告其里闾间。有民因事至庭，或行遇于道，必问：『某时命某告某事，闻否？』闻则即已，否则，罪其受命者。故一言之出，虽愚夫孺子，无不与闻。

张戬摄蒲城令，县剧民悍，不畏法令。斗讼寇盗，倍蓰他邑。前令以峻法治之，奸愈不胜。君悉宽条禁，有讼至庭，必以理敦谕，使无犯法。间召父老，使之教督子弟服学省过。作『记善簿』，民有小善悉以籍之。月吉，以俸钱为酒，召高年于县廨以劳之，使其子孙侍，劝以孝弟之道。不数月，邑人化之，狱讼为衰。

范纯仁为襄邑宰，学校仓廪，皆一新之。又营学田，择乡之贤者教其人。听政之暇，时一至学，亲加劝诱之。

陈襄为仙居令，县僻陋，民不知教。公于正岁，因耆老来贺，作《劝学》一篇曰：『为吾民者，父义，母慈，兄友，弟恭，子孝；夫妇有恩，男女有别，子弟有学，乡闾有礼；贫穷患难，亲戚相救；婚姻死丧，邻保相助。无堕农业，无作盗贼，无学赌博，无好争讼。无以恶凌善，无以富吞贫；行者让路，耕者让畔，斑白者不负戴于道路。则为礼义之俗矣！使人读于庭。后知常州，辟广学官。公晨入其中，坐授诸生经义，旁决政事。由是毗陵学者，胜于二浙。

刘安节守饶、宣二州，专以仁义教化，平易近民。民有讼，委曲训戒之，俾毋再犯。是以庭无治之事，或逾月不施笞扑。

晦庵先生初主同安簿，职兼学事。身率诸生，励以敬诚，开以礼义。皆竦慕而师尊之。知南康，约圣贤教人为学之大端，条列白鹿洞书院，以示学者。每休沐，辄一至。诸生质疑问难，诲诱不倦。知漳州，以俗尚未知礼，取古冠婚丧祭之仪，揭以示之，命父老解说，以教子弟。俗信释氏，男女聚僧舍诵经，女不嫁，为庐以居。悉禁之。帅长沙，湖湘士子伺公退，请质所疑，先生为讲说不倦。

张敬夫守郡，所至必葺学。暇日召诸生，告语不倦。民以事至庭，必随事开晓。具为教条，大抵以正礼俗、明伦纪为先。

石子重知尤溪，县故穷僻，学校久废，士不知所以为学。君至，命其友林用中掌教事，选邑子充弟子员。始教之日，亲率佐吏，肃宾客，往临之。因为陈说圣贤之学，为修己治人之资，非如今之所谓者，闻者皆动心焉。自是五日一往，伐鼓升堂，问诸生进业次第，相与反覆，以求义理至当之归。又新广学官，市书买田，以充入之。

吕思诚为蓨县尹，邑民李氏来诉其弟匿羊。思诚叱之退。王眚兄弟四人，友爱甚笃。思诚至其家，取酒肉劝酬，欢同骨肉。李氏兄弟各相切责悔过，析居三十年，复

还同爨。张复叔母孀居且瞽，丐食以活。恐尹闻之，即日迎养。右中三十七条

程子曰：『教人者，养其善心，则恶自消；治民者，导以敬逊，则争自止。』

又尝与客语为政，曰：『甚矣！小人之无行也。牛壮则食其力，老则屠之。』客曰：『不得不然也。老牛不可用，屠之得半牛之价，复称贷以买壮者。不尔则废耕矣，且安得刍粟养无用之牛乎？』曰：『尔之言计利，而不知义者也。为政之本，莫大乎使民兴行。民俗善，而衣食不足者，未之有也。水旱螟虫之灾，皆不善之致也。』

朱子曰：『教人须自家勉力，使理义精通，践履平实，足以应学者之求，而服其心，则成己成物，两无亏欠。如其不然，只靠些规矩赏罚，以缚束之，则亦粗足以齐其外，而究竟何益乎！』

西山真氏曰：『邑民以事至官者，令佐不惮其烦而谆晓之，感之以至诚，持之以悠久，必有油然而兴起者。』

又曰：『学校风教之首，今请知佐究心措置学田，所入严加钩考，毋令渗漏。仍请立学官，立课程，每旬一再讲书，许士子问难。再讲之日，各令覆说前所讲者。举业之外，更各课以经史，使之紬绎义理，讲明世务，庶几异时皆有用之材。所补非浅。』

鲁斋许氏曰：『革人之非者，不可革其事，要当革其心。其心既革，则事不言而自革也。』

齐东张氏曰：『欲先教化，去其致教悖化者，则善类兴矣。近年子叛其父，妻离其夫，妇姑勃蹊，昆弟侮阅，奴不受主命，冠履倒置，如此者比比皆然。凡若此者，不必

其来告，当风乡长，恒纠其尤甚者，谕众而严决之。则自慺然改行矣。』

又曰：『学校乃风化之本，俗吏多忽焉。不以为务，是不知天秩民彝，一切治道，胥此焉出。暇则率僚寀，以观讲习。或生徒有未济，廪饩有未充，教养有未至，激劝有未周，皆敦笃以成。久之，则弦诵之声作，而礼义之俗可兴矣。』

又曰：『诸民有旌表及学行异众者，时加存慰，为劝必多。』

广昌何氏曰：『每月访善恶之人，各书于簿。如以事至，恶者重罚，善者优恤。此即古人书以志之，及以时书民孝友之意。劝善之良规也。』右下十条

牧鉴卷五

抚字 三之二 共十九条

《无逸》曰：『文王自朝至于日中昃，不遑暇食，用咸和万民。』

《君牙》曰：『夏暑雨，小民惟曰怨咨。冬祁寒，小民亦惟曰怨咨。厥惟艰哉！思其艰，以图其易，民乃宁。』

《周礼·大司徒》：『以保息六养万民：一曰慈幼，二曰养老，三曰振穷，四曰恤贫，五曰宽疾，六曰安富。』

《大学》曰：『民之所好，好之；民之所恶，恶之。此之谓民之父母。』

《表记》曰：『岂以强教之，弟以悦安之。民皆有父之尊，有母之亲。如此而后可以为民父母矣。』右上五条

召信臣为上蔡长，视民如子。改南阳太守，其治如上

蔡时。

朱邑为桐乡啬夫，廉平不苛，以爱利为行，未尝笞辱人，存问孤老。吏民爱敬之。

儿宽迁左内史，既治民，劝农桑，缓刑罚，理狱讼。卑体下士，务在于得人心。择用仁厚士，推情与下，不求声名。吏民大信爱之。

刘虞为幽州牧，先是幽部应接荒外，资费甚广，岁常割青、冀赋调以足之。时乱委输不至，而虞敝衣绳履，食无兼肉，务存宽政，劝督农桑。开上谷胡市之利，通渔阳盐铁之饶。民悦年登，谷石三十。青、徐士庶，避难归虞者百余万口。虞皆收视温恤，为安生立业。人皆忘其迁徙焉。

王宏为汲郡太守，抚百姓如家。耕桑树艺，屋宇阡

陌，莫不躬自教示，曲尽事宜。

公孙景茂为道州刺史，好单骑巡人家，阅视百姓产业。有修理者，于都会时褒扬称述。如有过恶，随即训导而不彰显。由是人行义让，有无均通，男子相助耕耘，妇人相助纺绩，如一家之务。

韦景骏为肥乡令，方河南北饥，身巡闾里，劝人通有无。教导抚循，县民独免流散。

殷侑，文宗时为昌义节度使。时痍荒之余，骸骨蔽野，城里生荆棘。侑单身之官，安足粗淡，与下共劳苦，以仁惠为治。岁中，流户襁属而还，户中滋饶，廥储盈腐，上下便安。

郭禹，僖宗时为荆南留后，兵荒之余，止有十七家。禹励精为政，抚集凋残，通商务农，晚年殆及万户。时藩

镇各务兵力相残，莫以养民为事，独华州刺史韩建招抚流散，劝课农桑。时人谓之『北韩南郭』。

陈良翰知瑞安县，俗颇强梗难治，或劝其厉威严以弹治之。公叹曰：『县令，子民之官，爱之如子，犹惧不蔇。况奋其武怒以慑威之，彼亦何所恃耶？』

真德秀知潭州，罢榷酤，除斛面米，申免和籴，以甦其民。立惠民仓五万石，使岁出粜。又易谷九万五千石，分十二县置社仓，以遍及乡落。立慈幼仓及义阡。诸军营中病者，死未葬者，孕者及嫁娶者，俱赡给有差。右中十一条

程子曰：『为民立君，所以养之也。养民之道在爱其力，民力足则生养遂。生养遂则教化行，而风俗美。故为政以爱养民力为重也。』

朱子曰：『为政者，当顺五行，修五事，以安百姓。若

赈济于灾荒之余，从饶措置，得善所惠者，终不济事。』

东莱吕氏曰：『大司徒以保息六养万民，三曰振穷，四曰恤贫，六曰安富。后世之政，自谓抑强扶弱者，果得先王之意与？』右下三条

昱按：抚字者，牧民之大政，如劳来安辑之方，衣食居处之宜，以至恤患送终，皆其务也。今此所载，独取泛言抚字者，余则散见于《农桑》、《防御》、《小民》、《困穷》诸类。观者并而考之，则抚字之道始备，而抚字之务可举也。

农桑　三之三　共三十条

《定之方中》曰：『灵雨既零，命彼倌人；星言夙驾，说于桑田。』

《甫田》曰：『今适南亩，或耘或耔，黍稷薿薿，攸介攸止，烝我髦士。』

孟子曰：『五亩之宅，树墙下以桑，匹妇蚕之，则老者足以衣帛矣；五母鸡、二母彘，无失其时，则老者足以无失肉矣。百亩之田，匹夫耕之，八口之家可以无饥

唐临为万泉丞，有轻囚久系。方春农事兴，临说令『可且出囚，使就农。』不许。后令疾，临悉令归，与之约，囚如期还。

敬晖为卫州刺史，时闻突厥默啜欲寇，河北诸州争发民修城。晖曰：『吾闻金汤非粟不可守，奈何舍收获而事城郭乎！』罢使归农，百姓人悦。

刘仁轨为栎阳丞，上将幸司州校猎。仁轨上言：『大稔未获，使农民供猎事，治道葺桥，动费一二万工，愿少停旬日，则公私俱济矣。』上悦，赐玺书嘉纳，迁新安令。

沈瑀为建德令，教民一丁种十五株桑、四株柿及梨、栗，女子丁半之。人咸欢悦，顷之成林。

张全义为何南尹，出见田畴美者，辄下马与僚佐共观之，召田主劳以酒食。有蚕麦善收者，或亲至其家，呼出老幼，赐以茶果衣物。民间言：『张公不喜声伎，见之

未尝笑，独见佳麦良茧则笑耳。』有田荒秽者，则集众杖之。或诉以乏人牛，乃召其邻里，责使助之。

张咏尹崇阳，尝坐城门下，有里人负菜而归者。问：『何从得？』曰：『买之市。』公怒曰：『汝居田里，不自种而食，何惰耶？』笞而遣之。县民以茶为业，公曰：『茶利厚，官将榷。』命拔茶而植桑。后榷茶，他县皆失业，而崇阳之桑已成，为绢岁万匹。

范纯仁知襄城，民素不事蚕织，纯仁患之。因民有罪而情轻者，使植桑于家，多寡随其事之轻重，使按其植荣茂与除罪，自此人得其利。

曾巩通判越州，州经灾荒之后，民无种粮，出钱易粟五万，贷民为种粮，使随岁赋入官，农事赖以不乏。

明道先生为邑，会岁大旱，麦苗且枯，先生教人掘井以溉。一井不过数工，而所灌数亩，阖境赖焉。又为上元簿，摄令事。时江南稻田赖陂塘以灌，盛夏塘堤大决，计非千夫不能塞。法当言之府，府禀于漕司，然后计工调役，非月余不能兴作。先生曰：『如是苗槁久矣，民将焉食？救民获罪，所不辞也。』遂发民塞之，岁则大熟。右中二十四条

苏氏绰曰：『春耕夏耘秋收三时者，农之要月也。若此三时不务省事，而令人废农者，是绝人之命，驱以就死。然单劣之户及无牛之家，劝令有无相通，使得兼济。三农之隙及阴雨之暇，又当教人种菜植果，艺其蔬菜，修其园圃，畜育鸡豚，以备生生之资，以供养老之具。』

胡氏曰：『农者，天下之大本。军国之用，无不资焉。惟知王道者乃知恤农，假仁者次之，恃力鏖兵者，多不经

意。』

齐东张氏曰：『劝农时因行治，视其辍工废业者切责之。远近闻之，必知自励也。尝见世之劝农者，先期以告，鸠酒食候郊原，将迎奔走，络绎无宁。盖数日骚然也。至则胥吏僮卒，杂然而生威；赂贻征取，下及鸡豚。名为劝之，其实扰之；名为优之，其实劳之。嗟夫！劝农之道，勿夺其时而已。繁文末节，当为略之。』右下三条

催科 三之四 共二十八条

孔子曰：『时使薄敛，所以劝百姓也。』

哀公问于有若曰：『年饥，用不足，如之何？』有若对曰：『盍彻乎？』曰：『吾犹不足，如之何其彻也？』对曰：『百姓足，君孰与不足？百姓不足，君孰与足？』

孟子曰：『有布缕之征、粟米之征、力役之征。君子

用其一，缓其二。用其二，而民有殍，用其三而父子离。』右上三条

儿宽为左内史，收租税，时裁阔狭，与民相假贷。以故租多不入。后军兴，左内史以负租当免，民恐失之，输租繦属，课更以最。

杨津为华州刺史，先是官受调绢，尺度特长，吏缘为奸，百姓苦之。津悉令依公尺度。其输物，尤善者赐以盃酒，劣者亦为受之，但无酒，以示耻。于是输者竞劝，更胜于旧。

苏琼守清河，蚕月颁下丝绢度样于部内，其兵赋次第，并立明式。至于调役，事必先办。郡县吏长恒无十枚稽失。当时郡县无不遣人访其政术。

王仲舒为婺州刺史，徙苏州，调赋常与民为期，不扰自办。

崔衍守虢州，州居陕华间，而赋数倍入。衍白太重。裴延龄领度支，方聚敛，私谓衍：『前刺史无发，明公当止。』衍不听复奏：『州郡多岩田，又邮传剧道，属岁无秋，民举流亡。不蠲减租额，人无生理。臣见长史之患，在因循不闻，不患陛下不忧恤也；患申请不实，不患朝廷不矜贷也。』德宗是其言，为诏度支减赋。

韦温为陕虢观察使，民当输租，而麦未熟。吏白督之，温曰：『使百姓货田中穗以供赋，可乎？』为缓期而赋办。

韦澳改京兆尹，帝舅郑光主墅吏，积年不输官赋，澳逮系之。宣宗曰：『郑光甚爱之，何如？』对曰：『如此则是陛下之法，独行于贫户耳。』上曰：『痛杖而贷其死，可乎？』澳归杖之，督租足乃释。